O QUE É BUDISMO?

Venerável Mestre
Hsing Yün
(org.)

O QUE É BUDISMO?

2ª edição
revisada e ampliada

Tradução
Beatriz Cortés Gómez

佛光 BLIA

escrituras
São Paulo, 2014

Título original: WHAT IS BUDDHISM?

1ª reimpressão da 2ª edição: abril/2011
2ª reimpressão da 2ª edição: novembro/2013
3ª reimpressão da 2ª edição: setembro/2014

Escrituras Editora e Distribuidora de Livros Ltda.
Rua Maestro Callia, 123 – Vila Mariana
São Paulo, SP – 04012-100
Tel.: (11) 5904-4499/Fax.: (11) 5904-4495
escrituras@escrituras.com.br
www.escrituras.com.br

Editor
Raimundo Gadelha

Coordenação editorial
Mariana Cardoso

Revisão da tradução
Lúcia de Sousa Porto Gilioli, Mestra Miao Shang, Moacir Mazzariol Soares

Edição de texto e revisão de provas
Mestra Miao Shang, Moacir Mazzariol Soares, Jonas Pinheiro

Capa, projeto gráfico e editoração eletrônica
Ronaldo Barsotti/Ponto & Linha

Impressão
Graphium

Dados Internacionais de Catalogação na Publicação (CIP)
(Câmera Brasileira do Livro, SP, Brasil)

O que é budismo? / Hsing Yün (org.); tradução Beatriz Cortés Gómez. – 2. ed. – São Paulo: Escrituras Editora, 2010.

Título original: What Is Buddhism?
ISBN: 978.85.7531-365-7

1. Budismo. I. Yün, Hsing

10-02186 CDD - 294.3

Índice para Catálogo Sistemático:
1. Budismo 294.3

Impresso no Brasil
Printed in Brazil

Obra em conformidade com o Acordo Ortográfico da Língua Portuguesa

SUMÁRIO

PREFÁCIO *7*

O QUE É BUDISMO? *11*

ORIGEM DO BUDISMO *13*
- O Buda *13*

FORMAÇÃO DO BUDISMO *17*
- Desenvolvimento do budismo *19*
- Teravada e Maaiana *19*
- Budismo chinês *20*

ENSINAMENTOS FUNDAMENTAIS DO BUDISMO *23*
- Carma, a lei de causa e efeito *24*
- Nirvana *25*
- O conceito de sofrimento *26*
- As Quatro Nobres Verdades, o Nobre Caminho Óctuplo e as Seis Perfeições *27*
    - As Quatro Nobres Verdades *27*
    - O Nobre Caminho Óctuplo *28*
    - As Seis Perfeições *29*

TORNAR-SE BUDISTA *33*

MEDITAÇÃO *37*

PECULIARIDADES DO BUDISMO *41*
Budas e bodisatvas *42*
Símbolos *48*
Instrumentos e práticas de Darma *50*

PERDA E PESAR *55*
As oito consciências *57*
Os seis reinos *60*
Funeral *61*

GLOSSÁRIO *62*
SOBRE O ORGANIZADOR *74*
PRINCIPAIS TEMPLOS FO GUANG SHAN NOS CINCO CONTINENTES *77*

PREFÁCIO

Conheci um homem bom, que sempre admirei por sua generosidade.

Desde pequena, pude observar o comportamento dele. Trabalhador, sério em tudo na vida, ele vinha de uma família pobre e era o sétimo de dez filhos. No entanto, embora um dos mais novos, tendo conseguido um trabalho seguro, todos recorriam a ele quando precisavam de ajuda. E ele ajudava. Irmãos, tios, sobrinhos nem precisavam pedir para obter socorro desse homem bom. E da mesma forma ele agia com os parentes da mulher. Com as filhas e os netos, então, era capaz de tirar o pão da própria boca para garantir a segurança e o conforto desses seres pelos quais se julgava responsável.

Esse homem bom era meu pai. Ele me ensinou a distinguir o que era generosidade e o que era egoísmo e me levou a querer ser generosa também. Mas essa foi só a segunda melhor lição que ele me deu. Eu já estava adulta quando ele faleceu. Num dia de muita saudade, minhas irmãs e eu falávamos dele e de como ele tinha sido bom. Então, lembramos como ficava irritado com minha mãe, sempre disposta a acudir ex-empregadas em trabalho de parto, a cozinhar em lares para crianças e velhos ali abrigados e muitas iniciativas mais de caridade.

Certa ocasião, minha mãe passou vários meses tratando de uma menina mais ou menos da nossa idade, que havia sofrido queimaduras durante um incêndio. Quando vimos a menina pela primeira vez, seu queixo estava colado com uma crosta ao pescoço e ao colo e todo o ferimento pululava de vermes. Ela trouxe a menina para nossa casa e fez a primeira assepsia no ferimento. Depois, passou a levar a garota ao Centro de Saúde, ia até o bairro distante para levar comida, ensinava a mãe da garota a fazer curativos e assim por diante. Às vezes, papai chegava para almoçar e ... onde estava minha mãe? Cuidando da menina.

Um dia, ouvimos uma discussão de minha mãe com meu pai, que achava demais aquilo tudo e reclamava porque minha mãe "dava mais atenção aos outros" do que a ele e às filhas. No fim, pacificados, ele pôs a mão no bolso e tirou um talão de cheques. Preencheu uma folha e entregou a minha mãe. Era para os remédios da menina.

Essa cena resumiu de um modo extraordinário dois sentidos de generosidade. Ambos maravilhosos.

A de meu pai era até certo ponto uma generosidade egoísta. Sem a interferência insistente de minha mãe, ele não daria assistência a pessoas que não fossem de sua família. Mas era sensível quando alguém lhe abria os olhos para as necessidades dos outros. Ela, por sua vez, cumpria a máxima tão bem expressa pela sabedoria popular: "Fazei o bem sem olhar a quem".

Muitos anos depois daquela cena que tanto me impressionou e da conversa saudosa com minhas irmãs, as leituras budistas vieram me esclarecer sobre o sentido da verdadeira compaixão, fazendo-me compreender que o homem bom pode ser ainda melhor. Aprender sobre o budismo é desde logo iniciar-se na sua prática, pois seus ensinamentos afetam de imediato nossa consciência sobre o todo-dia e o valor dos nossos atos. Leia este opúsculo. Ele irá mover seu pé para mais um passo no bom caminho, ampliando sua compreensão sobre a realidade da vida.

Mirian Paglia Costa
Jornalista e escritora

O QUE É BUDISMO?

O budismo é uma filosofia de vida baseada integralmente nos ensinamentos profundos do Buda para todos os seres. Ele revela a verdadeira face da vida e do universo, não pretendendo converter as pessoas, mas iluminá-las. É uma religião de sabedoria, na qual conhecimento e inteligência predominam. O budismo trouxe paz interior, felicidade e harmonia a milhões de pessoas durante sua longa história de quase 2.500 anos.

Sendo uma religião prática, o budismo devota-se a condicionar a mente inserida em seu cotidiano, de maneira a levá-la a conquistar paz, serenidade, alegria, sabedoria e liberdade perfeitas. Por ser um modo de viver que extrai os mais altos benefícios da vida, pode ser chamado de "Budismo Humanista".

ORIGEM DO BUDISMO

O Buda

O budismo surgiu na Índia, no século V a.E.C, com o Buda Shakyamuni, que nasceu em Kapilavastu, no norte da Índia (atualmente território nepalês) na condição de um rico príncipe chamado Sidarta Gautama.

Aos 29 anos, Sidarta deparou-se com quatro fatos, conhecidos no budismo como "As Quatro Cenas", que transformariam sua vida. As três primeiras cenas – o sofrimento em razão do envelhecimento, das doenças e da morte – mostraram-lhe a natureza inexorável da vida e as aflições universais da humanidade. A quarta cena – um *shramana* [religioso caminhante] com um semblante sereno – revelou-lhe o meio de alcançar a paz. Compreendendo a insignificância dos prazeres sensuais, ele deixou sua família e toda sua fortuna em busca de verdade e paz duradouras. Sua busca era mais por compaixão pelo sofrimento alheio que pelo seu próprio, já que não havia tido tal experiência. Ele não abandonou sua vida mundana na velhice, mas no alvorecer de sua maturidade; não na pobreza, mas em plena fartura.

Depois de seis anos de ascetismo, Sidarta compreendeu que deveria praticar o "Caminho do Meio", evitando tanto o extremo da automortificação, que só enfraquece o intelecto, quanto o extremo da autoindulgência, que retarda o progresso moral. Aos 35 anos, sentado sob uma árvore (*Fícus religiosa)*, que se tornaria conhecida como a Árvore *Bodhi*, em uma noite de lua cheia, Sidarta experimentou extraordinária sabedoria, compreendendo a verdade suprema do universo e obtendo profunda visão dos caminhos da vida humana. Os budistas chamam essa compreensão de "Iluminação" – daí Buda, "aquele que é plenamente desperto e iluminado". A partir de então, ele passou a ser chamado de Buda Shakyamuni, que significa "sábio do clã dos Shakya".

FORMAÇÃO DO BUDISMO

O Buda não era um deus – ele foi um ser humano que alcançou a iluminação por meio de sua própria prática. A fim de compartilhar os benefícios de seu despertar, o Buda viajou por quase toda a Índia com seus discípulos, ensinando e divulgando seus princípios às pessoas por mais de 45 anos, até sua morte, aos 80 anos. De fato, ele era a própria personificação de todas as virtudes que pregava, traduzindo suas palavras em ações.

O Buda formou uma das primeiras ordens monásticas do mundo, a *Sanga*. Seus seguidores tinham as mais variadas características, e ele os ensinava, de acordo com suas habilidades, visando ao crescimento espiritual. Ele não exigia crença cega; ao contrário, adotava o "venha e experimente você mesmo", atitude que ganhou os corações de milhares. Sua senda era a da autoconfiança, que requeria esforço pessoal inabalável.

Após a morte de Shakyamuni, foi realizado o Primeiro Concílio Budista, em Rajagrha, que reuniu 500 monges, a fim de coletar e organizar os ensinamentos do Buda, que são chamados de Darma. O Darma tornou-se o único guia e a fonte de inspiração da *Sanga*. Os discursos que o constituem são chamados de "sutras".

Foi em Vaishali, no Segundo Concílio Budista, realizado cerca de 100 anos após a morte do Buda, que as duas grandes tradições, hoje conhecidas como *teravada* e maaiana, começaram a se formar. Os *teravadas* seguem o cânone escrito em páli [considerada uma forma simplificada do sânscrito], enquanto os maaianas seguem os sutras que foram escritos em sânscrito.

Desenvolvimento do budismo

O organograma a seguir apresenta um breve resumo das duas grandes tradições do budismo: a Escola Teravada e a Escola Maaiana.

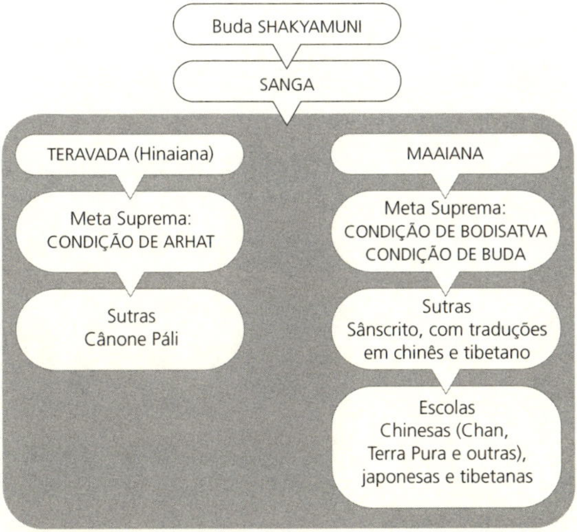

Teravada e Maaiana

As duas grandes tradições compartilham a essência dos ensinamentos do Buda e praticam recitação de mantras e meditação, mas cada uma delas tem um método diferente de buscar a iluminação.

A Teravada enfatiza o alcance da iluminação por meio do próprio esforço e é comum no Sri Lanka, na Tailândia, em Burma, no Laos, no Camboja e na Malásia. Nessa tradição, o nível de iluminação é a condição de *arhat*.

A Maaiana busca não só a autoiluminação, mas também destaca a ajuda a todos os seres sencientes. Os bodisatvas (seres iluminados da tradição Maaiana) levam adiante, incansavelmente, a missão de libertar todos os seres do ciclo de morte e renascimento. Seus atributos principais são amor, compaixão, generosidade, sabedoria e ilimitada capacidade de auxiliar todos e cada um. A tradição Maaiana é comum na China, na Mongólia, na Coreia, no Tibete e no Japão. Dentro dessa tradição, há muitas escolas, incluindo o Budismo *Chan* (China), o Zen (Japão) e o Tântrico (Tibete).

Budismo chinês

Os ensinamentos do Buda foram transmitidos pela primeira vez, fora da Índia, no Sri Lanka, durante o reinado do imperador Ashoka (*circa* 272 a.E.C.-231 a.E.C.). Na China, a história registra que dois missionários budistas da Índia chegaram à corte do imperador Ming no ano 68 E.C. e lá traduziram textos budistas. Durante a dinastia Tang (602-664 E.C.), o monge chinês Xuanzang cruzou o Deserto de Gobi e chegou à Índia, onde reuniu e pesquisou sutras budistas. Ele retornou à China 17 anos depois com grandes volumes de textos budistas e passou muitos anos traduzindo-os para o chinês.

Finalmente, a fé budista se espalhou por toda a Ásia. Ironicamente, o budismo praticamente se extinguiu na Índia por volta de 1300 E.C. Os chineses introduziram o budismo no Japão. A tolerância, o pacifismo e a equanimidade promovidos pelo budismo influenciaram significativamente a cultura asiática. Mais recentemente, muitos países ocidentais têm demonstrado considerável interesse pelas religiões orientais e centenas de milhares de pessoas vêm adotando os princípios do budismo.

ENSINAMENTOS FUNDAMENTAIS DO BUDISMO

O Buda foi um grandioso mestre, para quem todos os seres vivos possuem Natureza Búdica e são capazes de atingir a iluminação por meio da prática. Se 'todos os seres vivos têm o potencial de se tornar iluminados, todos são, portanto, possíveis futuros budas. Apesar de haver diferentes escolas budistas, todas elas abraçam a essência dos ideais do Buda.

Carma, a lei de causa e efeito

Uma pessoa é uma combinação de matéria e mente. O corpo pode ser encarado como a combinação de quatro elementos: terra, água, fogo e ar; enquanto a mente é a combinação de sensação, percepção, atividade [mental] e consciência. O corpo físico – assim como toda a matéria na natureza – está sujeito ao ciclo de formação, duração, deterioração e cessação.

O Buda ensinou que a interpretação da vida realizada por meio da percepção das "seis raízes" (olhos, ouvidos, nariz, língua, corpo e mente) não é mais do que ilusão. Quando duas pessoas experimentam um mesmo acontecimento, a interpretação de uma pode levá-la à tristeza, enquanto a da outra, à felicidade. É o apego às sensações, derivadas dessas "seis raízes", que resulta em desejo e apego obstinado, vida após vida.

De acordo com os ensinamentos do Buda, todos os seres sencientes estão em um ciclo contínuo de vida, morte e renascimento – por um número ilimitado de vezes – até que finalmente alcancem a iluminação. Os budistas acreditam que o nascimento de cada pessoa está associado à consciência proveniente das memórias e do carma de suas vidas passadas.

Carma é uma palavra de origem sânscrita (*karma*) que significa "ação". Qualquer ação física, verbal ou mental realizada com intenção pode ser chamada de carma. Assim, boas atitudes intencionais produzem carma positivo, enquanto más atitudes intencionais resultam em carma negativo. Ter consciência do carma criado em vidas passadas nem sempre é possível, mas a alegria ou o sofrimento, o belo ou o feio, a sabedoria ou a ignorância, a riqueza ou a pobreza experimentados nesta vida são frutos de carmas do passado.

Nirvana

Por meio de prática diligente, compaixão, bondade amorosa em relação a todos os seres sencientes e do condicionamento da mente para evitar apegos e abrandar o carma negativo, os budistas acreditam que finalmente alcançarão a iluminação. Quando isso ocorre, eles saem do ciclo de morte e renascimento e ascendem ao estado de nirvana.

O nirvana não é um local físico, mas um estado de consciência suprema de perfeita felicidade e liberação. É o fim dos retornos à forma condicionada, a cessação do ciclo de renascimentos e do aprisionamento do ser ao sofrimento.

O conceito de sofrimento

O Buda Shakyamuni ensinou que grande parte do sofrimento em nossa vida é autoinfligido, oriundo de nossos pensamentos e comportamentos, os quais são influenciados pelas habilidades de nossos seis sentidos. Nossos desejos – de poder, dinheiro, fama e bens materiais – e nossas emoções – como raiva, rancor e ciúme – são fontes de sofrimento causado pelo apego a essas sensações. Nossa sociedade valoriza demais beleza física, riqueza material e *status*. Consequentemente, nossa obsessão com as aparências e com o que os outros pensam de nós também se torna fonte de sofrimento.

Assim sendo, o sofrimento está primariamente associado às ações de nossa mente. É a ignorância que nos faz tender à cobiça – a ambição doentia – e à ilusão. Como consequência, praticamos maus atos, causando diferentes combinações de sofrimento. O budismo nos faz vislumbrar maneiras efetivas e viáveis de eliminar nosso sofrimento e, mais importante, de alcançar a libertação do ego do ciclo de nascimento, doença e morte.

As Quatro Nobres Verdades, o Nobre Caminho Óctuplo e as Seis Perfeições

As Quatro Nobres Verdades foram compreendidas pelo Buda em sua iluminação. Para erradicar a ignorância, que é a fonte do sofrimento, é necessário entender as Quatro Nobres Verdades, trilhar o Nobre Caminho Óctuplo e praticar as Seis Perfeições (*Paramitas*).

As Quatro Nobres Verdades

1. *Verdade do sofrimento*: a vida está sujeita a todos os tipos de sofrimento, sendo nascimento, envelhecimento, doença e morte os mais básicos. Ninguém está isento deles.

2. *Verdade da causa do sofrimento*: a ignorância leva ao desejo e à cobiça, que, inevitavelmente, resultam em sofrimento. A cobiça produz renascimento acompanhado de obstinado apego durante a vida, e é o desejo de prazer, fama ou posses materiais que causa grande insatisfação com a vida.

3. *Verdade da cessação do sofrimento*: a cessação do sofrimento advém da eliminação total da ignorância, da supressão da cobiça e da renúncia aos desejos – possibilitando ao praticante alcançar o estado de suprema bem-aventurança ou nirvana.

4. *Caminho para a cessação do sofrimento*: o caminho que leva à cessação do sofrimento é o Nobre Caminho Óctuplo.

O Nobre Caminho Óctuplo

1. *Compreensão correta*: conhecer as Quatro Nobres Verdades de maneira a entender os fenômenos como eles realmente são.

2. *Pensamento correto*: desenvolver as nobres qualidades da bondade amorosa e do não querer prejudicar os outros.

3. *Palavra correta*: abster-se de mentir, falar em vão, usar palavras ásperas ou caluniosas.

4. *Ação correta*: não matar, roubar ou ter conduta sexual inapropriada.

5. *Meio de vida correto*: evitar qualquer ocupação que prejudique os demais, tais como tráfico de drogas ou matança de animais.

6. *Esforço correto*: praticar autodisciplina para obter o controle da mente, de maneira a evitar estados de mente maléficos e a desenvolver estados de mente saudáveis.

7. *Plena atenção correta*: desenvolver completa consciência de todas as ações do corpo, da fala e da mente para evitar atos nocivos.

8. *Concentração correta*: obter serenidade mental e sabedoria para compreender o significado integral das Quatro Nobres Verdades.

Aqueles que aceitam este Nobre Caminho como estilo de vida viverão em perfeita paz, livres de desejos egoístas, rancor e crueldade. Estarão cheios do espírito de abnegação e de bondade amorosa.

As Seis Perfeições

As Quatro Nobres Verdades são o fundamento do budismo; portanto, entender seu significado é essencial para o autodesenvolvimento e o alcance das Seis Perfeições, que nos farão atravessar o mar da imortalidade até chegar ao nirvana.

As Seis Perfeições são:

1. *Generosidade*: abrange todas as dádivas, inclusive a doação do Darma aos outros.

2. *Moralidade*: elimina todas as paixões maléficas por meio da prática dos preceitos de não matar, não roubar, não mentir, não ter má conduta sexual, não se entorpecer com álcool ou drogas, não ter fala áspera ou caluniosa, não cobiçar, não ter ódio nem visões incorretas.

3. *Paciência*: previne o surgimento da raiva motivada pela provocação do ignorante.

4. *Diligência*: desenvolve esforço intenso e persistente na prática do Darma.

5. *Concentração [meditativa]*: reduz a confusão da mente e leva à paz e à felicidade.

6. *Sabedoria*: desenvolve o poder de discernir a realidade e a verdade.

A prática dessas virtudes ajuda a eliminar ganância, raiva, imoralidade, confusão mental, ignorância e visões incorretas. As Seis Perfeições e o Nobre Caminho Óctuplo nos ensinam a alcançar o estado no qual todas as ilusões são destruídas para que a paz e a felicidade possam ser definitivamente conquistadas.

TORNAR-SE BUDISTA

Quem deseja tornar-se budista deve aspirar pelo refúgio na Joia Tríplice – isto é, o Buda, o Darma e a *Sanga* –, como comprometimento com a prática dos ensinamentos do Buda.

Budistas laicos podem fazer o voto de praticar os Cinco Preceitos no cotidiano, ou seja: não matar, não roubar, não mentir, não ter má conduta sexual e não se entorpecer.

O preceito de não matar se aplica principalmente a seres humanos, mas deve ser estendido a todos os seres sencientes. É por isso que, embora não seja necessário ser vegetariano para tornar-se budista, a *Sanga* e muitos budistas devotos são vegetarianos.

O quinto preceito – não se entorpecer – inclui não consumir drogas ou bebidas alcoólicas. Compreende-se este preceito como uma precaução, uma vez que não é possível manter plena atenção da consciência e comportamento apropriado quando se está drogado ou embriagado.

Os budistas são incentivados a manter essas normas e a praticar a bondade amorosa e a compaixão para com todos os seres. Elas disciplinam o comportamento e ajudam a diferenciar o certo do errado. Por meio do ato de disciplinar o pensamento, a ação e o comportamento, podem-se evitar os estados da mente que destroem a paz interior.

Quando um budista incidentalmente quebra um dos preceitos, ele não busca o perdão com uma autoridade superior, como um padre ou mesmo Deus. Em vez disso, arrepende-se e analisa o porquê de ter quebrado o preceito. Confiando em sua sabedoria e determinação, modifica seu comportamento para prevenir a recidiva, evitando cair no mesmo erro. Ao fazer isso, o budista confia no esforço individual de autoanálise e autoaperfeiçoamento. Isso ajuda a restaurar a paz e a pureza da mente.

Muitos budistas montam um altar em um local tranquilo de suas casas para a recitação de sutras, mantras, orações e para a meditação diária. O uso de imagens budistas em locais de cerimônias não deve ser visto como idolatria, mas como simbologia. Enfatiza-se o fato de que essas imagens em templos ou altares domésticos servem apenas para nos lembrar das qualidades do Iluminado, que nos ensinou o caminho da libertação. Fazer reverências e oferendas são manifestações de respeito e veneração aos budas e bodisatvas.

MEDITAÇÃO

A meditação é comumente praticada pelos budistas para obter felicidade interior e desenvolver a sabedoria, de forma a alcançar a purificação da mente e a libertação. É uma atividade de consciência mental.

A felicidade que obtemos do ambiente exterior que nos envolve não nos satisfaz verdadeiramente nem nos liberta de nossos problemas. Dependência de coisas impermanentes e apego à felicidade fugaz produzem somente ilusão, seguida de pesar e desapontamento. Segundo o budismo, existe felicidade verdadeira e duradoura e todos temos o potencial de experimentá-la. A verdadeira felicidade jaz nas profundezas de nossa mente, e os meios para acessá-la podem ser praticados por qualquer um. Se compararmos a mente ao oceano, pensamentos e sentimentos tais como alegria, irritação, fantasia e tédio poderiam ser equiparados a ondas que se levantam e voltam a cair sobre sua superfície. Assim como as ondas se amansam para revelar a quietude nas profundezas do oceano, também é possível acalmar a turbulência de nossas mentes e revelar pureza e clareza naturais. A meditação é um meio de alcançar isso.

Nossas ilusões, incluindo ciúme, raiva, desejo e orgulho, originam-se da má compreensão da realidade e do apego à nossa maneira de ver as coisas. Por meio da meditação, chegamos a reconhecer nossos erros e a ajustar nossa mente para pensar e reagir de maneira mais realista e honesta. Essa transformação mental acontece gradualmente e nos liberta das falácias instintivas e habituais, permitindo-nos ter maior familiaridade com a verdade. Podemos, então, nos libertar de problemas como insatisfação, raiva e ansiedade. Finalmente, compreendendo a maneira como as coisas de fato funcionam, nos é possível eliminar completamente a própria fonte de todos os estados mentais incômodos.

Assim, meditação não significa simplesmente sentar-se em determinada postura ou respirar de determinada maneira – esses são apenas recursos para a concentração e o alcance de um estado de mente estável. Apesar de diferentes técnicas de meditação serem praticadas em diferentes culturas, todas elas partilham o princípio comum de nos adestrar para não permitir que uma mente destreinada controle nosso comportamento.

"A vida humana é preciosa e,
mesmo assim, nós a conseguimos.
O Darma é precioso e,
mesmo assim, nós o ouvimos.
Se não nos aprimorarmos nesta vida,
Quando teremos essa chance novamente?"

Venerável Mestre De Seng (1883-1962)

PECULIARIDADES DO BUDISMO

O budismo, como qualquer outra religião, tem particularidades relativas aos aspectos dos seus ensinamentos doutrinários e de como colocá-los em prática, tem seus símbolos, sua cosmologia e seu aparato ritualístico. Apresentamos a seguir, de forma sucinta, o que de mais peculiar encontramos na tradição maaiana chinesa.

Budas e bodisatvas

Buda (*Buddha*, sânscrito e páli: "o desperto"): não é um nome próprio, mas um epíteto para designar aquele que alcançou a iluminação (*bodhi*), a meta da prática budista. A palavra tem origem no sânscrito, cuja raiz '*budh*' significa "despertar". Budas são aqueles que despertaram para a natureza verdadeira dos fenômenos, como ensinados pelo Buda Shakyamuni, nas Quatro Nobres Verdades.

Buda Shakyamuni (sânscrito: Shakya, nome do clã, e *muni*, sábio: "O sábio do clã dos Shakyas"): o Buda histórico que ensinou o Darma na Terra, nascido na Índia como príncipe Sidarta Gautama. Após ter alcançado a iluminação, ele recebeu o epíteto Shakyamuni, título encontrado particularmente em fontes do budismo maaiana, nas quais o Buda Shakyamuni é distinguido dentre inumeráveis outros budas mencionados nos sutras.

Buda Vairochana (sânscrito: "Iluminador"): um dos cinco *jinas* (sânscrito: "vitorioso", "conquistador"; famílias de cinco budas): Iconograficamente representado como um buda *sambhoga-kaya* (corpo de deleite) na cor branca, ele é associado à direção central do cosmos ou algumas vezes ao quadrante leste. É o Soberano da "Família *Tathagata*". Várias e proeminentes escrituras budistas, como os sutras *Avatamsaka* e *Mahavairochana* descrevem-no não só como um iluminado em meio a tantos, mas como a figura central da qual todos os outros budas emanam, sendo eles exemplos e meios hábeis para atingir aqueles que sofrem.

Em certas formas de budismo mais tardio, tanto na China como no Tibete, o Buda Vairochana é visto como a personificação do *dharma-kaya* (corpo dármico do Buda) e, desse modo, seria o Buda Primordial, sendo frequentemente referido como *Mahavairochana* (que quer dizer o Grande Vairochana)

Buda Amitabha (sânscrito: O Buda 'Luz Infinita', também conhecido como *Amitayus,* 'Vida Infinita'; em chinês: *Omito Fo, e Amida* em japonês): um dos mais importantes e populares budas da tradição maaiana. O Buda da Luz Sem Limites. Quando alcançou a iluminação, o Buda Amitabha fez 48 votos. O mais importante deles foi o de estabelecer um lugar onde não houvesse sofrimento para que os seres pudessem cultivar a mente em ambiente de plena paz e assim atingir a iluminação. Qualquer um que invoque seu nome com total sinceridade e faça o voto de renascer na sua Terra Pura Ocidental será levado a essa terra perfeita, onde passará pelo bem-aventurado estado de viver e aprender o Darma ensinado pelo Buda Amitabha.

Bhaishajya-guru: (sânscrito: *bhaishaya*, terapêutico, medicinal, curador, e *guru*, mestre): o Buda da Medicina é especialmente venerado na China, no Japão e no Tibete. Bhaishajya-guru personifica, no budismo maaiana, o poder da cura nos níveis físico e espiritual. É a figura central no *Sutra do Buda da Medicina*. Normalmente, é representado na iconografia budista com um pote de néctar medicinal em sua mão esquerda. Pela ação virtuosa de seus doze votos, feitos antes de se tornar um buda, é assegurada, entre outros benefícios, a cura dos seres, por meio das ações devocionais a ele dedicadas.

Buda Maitreya (sânscrito: "O bondade amorosa" ou "O amoroso"; chinês: *Mi Le Fo*): um dos grandes bodisatvas míticos, ele é conhecido como o Buda do Futuro, que habita o Paraíso de *Tushita* (de onde veio o Buda Shakyamuni). Depois de Shakyamuni ter-se iluminado na Terra, ele é aguardado como o próximo buda e, por essa razão, embora ainda esteja no Paraíso *Tushita* (paraíso dos contentes, dos satisfeitos) como um bodisatva, já é comumente referido como um buda. É conhecido também como Buda Feliz, aquele da figura rechonchuda e sorridente.

Bodisatva (*Bodhisattva*, sânscrito: "Ser iluminado"): no budismo maaiana, ser que busca o estado búdico pela prática sistemática das virtudes perfeitas (*paramitas*) e adia o alcance do próprio nirvana até que tenha ajudado todos os seres a se iluminar. O fator determinante de sua ação é a compaixão sustentada pela mais alta sabedoria (*prajña*).

Bodisatva Avalokiteshvara (sânscrito; em chinês: *Guan Yin Pu Sa*; em japonês: *Kannon* ou *Kwannon*): um dos quatro mais reverenciados bodisatvas e aquele cujo campo de ação envolve especialmente a prática ativa da compaixão para libertar e proteger os seres. Seu nome significa 'o Senhor que contempla os mundos' [compassivamente]. Diferentes modos de representá-lo podem ser encontrados, como a forma com onze cabeças e mil braços, a popular iconografia com dois ou quatro braços e ainda as posturas sentada e em pé (como figura masculina). Sobre a cabeça, carrega uma coroa com a imagem do Buda Amitabha. Na China, sua representação é geralmente caracterizada como mulher e sua imagem está associada à compaixão materna. Nas imagens, a figura feminina muitas vezes aparece segurando um jarro e um ramo de salgueiro com os quais asperge o purificante e doce orvalho do Darma.

Bodisatva Kshitigarbha (sânscrito: "Ventre da Terra"; em chinês: *Di Zang Pu Sa*): um dos mais importantes bodisatvas do budismo maaiana. Fez o grande voto de adiar sua própria passagem para o nirvana e permanecer no Reino do Inferno até que todos os seres sencientes sejam libertados do ciclo de morte e renascimento; para tanto, ajuda-os a compreender as grandiosidades da Joia Tríplice e da lei de causa e efeito (carma), para que não retornem a esse reino em uma vida futura. Por sua associação com o mundo dos mortos, os budistas chineses o veneram durante as cerimônias em honra aos antepassados.

Bodisatva Mañjushri (sânscrito: *mañju*, belo, bonito, e *shri*, senhor, boa fortuna, virtude, majestade,): um dos grandes bodisatvas celestiais (ver glossário: Bodisatva celestial). No budismo maaiana, conhecido também pelo nome completo de Mañjushri-kumara-bhuta que personifica a *prajña* (suprema sabedoria; *insight*). Ele é representado em forma serena, sobre o dorso de um leão, empunhando na mão direita uma espada levantada, que simboliza o poder do *insight*, e na mão esquerda o *Sutra Prajña Paramita*. Nos altares budistas, normalmente faz par com o Bodisatva Samantabhadra, compondo uma tríade ao lado do Buda Vairochana. É o bodisatva que sintetiza o conhecimento, a sabedoria e a realização.

Bodisatva Samantabhadra (sânscrito: "O Todo-Virtude" ou "O Todo-Bondade"): um dos quatro grandes bodisatvas celestiais da tradição maaiana (ver glossário: Bodisatva celestial), tido como o protetor do Darma. O Bodisatva Samantabhadra é frequentemente representado em cima de um elefante branco de seis presas. Nos altares budistas, normalmente faz par com o Bodisatva Mañjushri compondo uma tríade com o Buda Vairochana. É o bodisatva que sintetiza a razão, a concentração e a prática; identificação de todos os budas e da natureza de todos os darmas.

Bodisatva Mahasthamaprapta (sânscrito: *maha*, grande, *sthamam*, poder, *prapta*, obter ou alcançar): "aquele que obteve grande poder", nome de um importante bodisatva celestial (ver glossário). É notadamente popular no budismo dos países asiáticos, onde se crê ser ele o que abre os olhos das pessoas para a necessidade de se empenharem na busca da iluminação (*bodhi*). Mahasthamaprapta é mencionado nas obras maaianas, como no *Sutra Lótus* por exemplo. Nos altares, frequentemente compõe uma tríade fazendo par com o Bodisatva Avalokiteshvara ao lado do Buda Amitabha. Na iconografia budista, é representado com um botão de lótus na mão e algumas vezes é também mostrado na arte budista do Leste Asiático tendo na cabeça uma coroa ornamentada com um jarro.

Símbolos

Lótus (sânscrito: *padma*; páli: *paduma*): a flor de lótus (*Nelumbium speciosum*) pertence à família das ninfeáceas. A planta é mencionada em toda a literatura budista como símbolo de pureza. Suas raízes crescem no lodo, mas suas flores desabrocham acima d'água. O lodo simboliza as raízes do mal (*akushala-mula*) – cobiça, raiva e ignorância –, enquanto a florescência representa a iluminação (*bodhi*). Na iconografia budista, figuras sagradas são frequentemente representadas em posição sentada sobre uma flor de lótus.

卍 (sânscrito: *svastika*; português: suástica): um signo da antiguidade tido como a origem do Sol e significando boa fortuna. O símbolo pode ter surgido no período neolítico, sendo encontrado em várias regiões do mundo. Em sânscrito, "*sv-asti*" quer dizer boa fortuna, sorte ou sucesso. A suástica é uma cruz que tem suas extremidades dobradas em ângulos retos. Também chamada de "cruz gamada", ela é usada em imagens ou construções como símbolo de auspiciosidade e frequentemente aparece estampada no peito, nas palmas das mãos ou nas solas dos pés dos budas e bodisatvas. Foi usada nos primórdios da arte budista para evitar a representação humana do Buda.

No século XX, Hitler distorceu tanto a forma quanto o significado deste símbolo milenar, relacionando-o ao seu Terceiro Reich querendo simbolizar a superioridade da raça ariana.

Instrumentos e práticas de Darma

Instrumentos de Darma: são objetos dispostos nos recintos de cerimônias dos templos budistas e utilizados por monges durante os ritos. O "peixe de madeira" é normalmente colocado à esquerda do altar; o gongo, à direita; o tambor com sino, à direita ou à esquerda, porém um pouco mais distantes.

- O peixe de madeira (*Mu Yü*), no budismo chinês, além de ser utilizado como instrumento de percussão, é tido como um símbolo, uma vez que, por nunca fechar os olhos e estar sempre "desperto", ele representa o incansável esforço de se estar sempre alerta na prática do Darma.
- O gongo de metal (*Da Qing*) também é utilizado como instrumento de percussão para dar início às cerimônias e sinalizar seu fim. Seu toque inicial é um convite para que os Budas e Bodisatvas estejam presentes na cerimônia.
- Tambor com sino (*Ling Gu*), é utilizado nos cantos e recitações dando ritmo e acompanhando

os demais instrumentos (é um objeto só, em que o sino e o tambor estão acoplados numa estrutura de madeira).

Incenso: dentre os itens para oferendas, o incenso é um dos mais utilizados e acessíveis aos praticantes budistas. Ao queimar, sua fragância evola-se, funcionando como veículo que leva nossa oração aos céus, associando o homem ao sagrado, o finito ao infinito, o efêmero ao duradouro. Assim como sua fragrância alcança grandes distâncias, também nossos bons pensamentos, nossas boas ações e nossa boa fala podem se espalhar em benefício de todos os seres. Quando praticamos essas virtudes, elas despertam em nós a força interior para cada vez mais querer ajudar o outro a se libertar.

No budismo, assim como toda e qualquer oferenda, o incenso é depositado sempre com muito respeito diante do Buda ou de outra imagem que desperte em nós a lembrança do exemplo que representa.

Mala: (sâncrito; em chinês: *nian zhu*, recitação/pérolas, ou *fo zhu*, Buda/pérolas, poderia ser traduzida como "contas" [de rosário] para o português) objeto utilizado na prática devocional budista, é uma fieira de contas – podendo ser sementes, cristais, sândalo, âmbar, prata, pérolas entre outros materiais nobres. É usado por discípulos budistas na contagem da recitação de nomes dos Budas ou de mantras em sua prática diária. O uso do *mala* remonta à época do Buda, que, no Sutra Arista, dirige-se ao Rei Paruri dizendo:

> *"Para livrar-se do obstáculo cármico das preocupações, porte consigo 108 sementes de* arista e *com elas conte perseverante e concentradamente a recitação dos nomes dos constituintes da Joia Tríplice (Buda, Darma* e Sanga,*) quer andando, quer sentado ou deitado. Ao assim fazer, dez, vinte, centenas, milhares, até milhões de vezes, desinteressadamente, na hora de sua morte, ascenderás ao Terceiro Céu (*Yama*), onde terás roupas e alimentos, bastando para isso que o queiras. Se puderes completar milhões de recitações ao longo da vida, poderás findar 108 retribuições cármicas maléficas, sem que tenhas que retornar ao* samsara, *e, no caminho para o nirvana, eliminarás as raízes de todo mal, vindo a colher o Supremo Fruto"*.

O tamanho do *mala* pode variar, dependendo da quantidade de contas de que é feito, podendo ter 108, 54, 42 ou de 21 a 14 contas conforme o tipo de uso, isto é, como pulseira de uma ou mais voltas.

Oferendas: é nos altares budistas que os devotos colocam suas oferendas. Ao fazermos uma oferenda, refletimos sobre a vida, confirmando o princípio da reciprocidade e da interdependência. Objetos palpáveis podem ser ofertados em abundância, no entanto, a mais perfeita oferenda é a de um coração honesto e sincero na prática dos ensinamentos do Buda.

Curvar-se ou prostrar-se em reverência: estas são práticas que desenvolvem em nós a humildade e o respeito. Os budistas curvam-se diante das imagens dos Budas e Bodisatvas, respeitosa e despojadamente, para rememorar, antes de tudo, as virtuosas qualidades que cada uma delas representa, além de buscar autorreflexão e arrependimento por todas as falhas cometidas nas existências presente e passadas.

Mudra ou ***mudrá*** (sânscrito: *mudra*, "um selo"; marca, sinal, autenticação, consolidação): gesto simbólico com as mãos e postura corporal usados para exprimir um significado especial. Desde as mais antigas formas artísticas da iconografia budista, os Budas são sempre representados com as mãos fazendo certos tipos de *mudras*, sendo o mais importante o da "Roda do Darma" (*dharma-chakra-mudra*), em que os indicadores e os polegares de cada uma delas estão unidos, formando círculos. No *mudra* "Tocando a terra" (*bhumi-sparsha-mudra*), a mão direita toca o solo, tomando a Terra como a testemunha da Iluminação (*bodhi).* No gesto "Proteção e destemor" (*abhaya-mudra*), o braço direito fica estendido com a palma da mão voltada para a frente.

Na iconografia budista, o repertório de *mudras* com as mãos é extenso e funciona como meio de identificação das várias representações em imagens ou estampas. Os *mudras* tornaram-se cada vez mais importantes no maaiana e especialmente no Budismo Vjrayana, no qual estão associados a um denso simbolismo de gestos e de sons místicos (mantras).

Além dessas peculiaridades, o glossário traz termos e conceitos que ajudarão o leitor a ampliar um pouco mais sua compreensão das singularidades aqui abordadas.

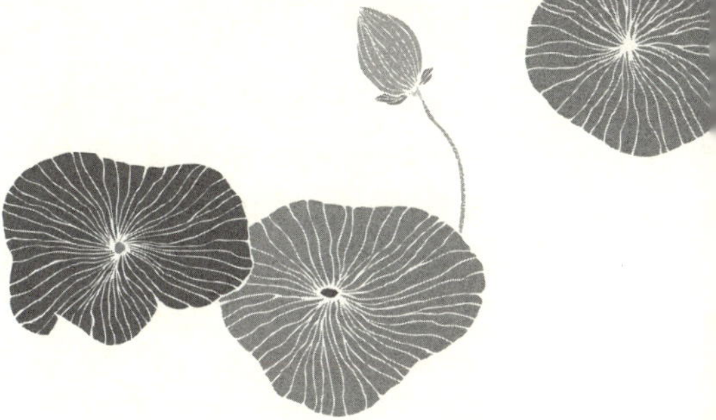

PERDA E PESAR

Que a vida não está livre do sofrimento é um fato. Sofremos com o envelhecimento, com as doenças e com a morte. O sofrimento tem de ser tolerado pelos vivos e pelos mortos. O propósito supremo do ensinamento do Buda é fazer-nos compreender a causa do sofrimento e encontrar um meio correto de superá-lo.

O Buda diz em seus ensinamentos que tudo o que existe, tenha vida ou não, está constantemente sujeito a

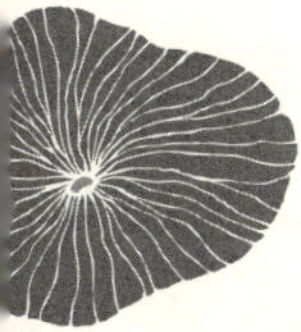

mudanças cíclicas. As coisas não-viventes passam por mudanças de formação, duração, deterioração e desaparecimento, enquanto os seres viventes passam por nascimento, doença, envelhecimento e morte. Essa mudança constante mostra a natureza impermanente de nosso próprio corpo, de nossa mente e da vida. A impermanência que temos de enfrentar é inevitável.

O Buda enfatiza que a principal razão do sofrimento é nosso imenso apego a nosso corpo, que é sempre identificado como "eu". Todo sofrimento brota desse apego ao "eu". Para sermos mais exatos, é a "consciência" que se abriga temporariamente no corpo existente, o qual funciona somente como uma habitação. Por isso, a concepção comum de que o "eu" é o corpo físico está equivocada, sendo nosso corpo atual apenas uma propriedade neste tempo de vida. Quando nossa casa fica muito velha, todos nós adoramos a ideia de mudar para uma casa nova. Quando nossa roupa está muito usada, ansiamos por comprar roupas novas. Na hora da morte, quando a "consciência" abandona o corpo, isso é simplesmente encarado como a troca de uma casa velha por uma nova.

A morte é meramente a separação de corpo e "consciência". A "consciência" continua, não nasce nem morre, e busca "abrigo" em um novo corpo. Se entendermos isso, não há razão para lamentações. Ao contrário, deveríamos ajudar os que estão à beira da morte a ter um renascimento positivo, ou, metaforicamente, a mudar de casa.

Nesse contexto, um relacionamento de família ou de amizade existe muito mais na "consciência" do que no corpo físico. Não ficamos tristes por um filho estudar do outro lado do mundo, pois sabemos o porquê de ele estar distante. Encarando a morte como o começo de uma nova vida – e não como um ponto final, sem esperança –, poderemos perceber que nossos sentimentos de perda e pesar não passam de ilusões, que somos enganados por eles. Lamentar a morte é o resultado da ignorância da verdade da vida e do apego a um corpo físico impermanente.

As oito consciências

Aquilo que normalmente é chamado de "alma", no budismo é, na verdade, uma integração das oito consciências. São elas as consciências dos cinco sentidos – visão, audição, olfato, paladar e tato –; a sexta consciência, ou sentido mental, que formula as ideias, alicerçando-se nas mensagens recebidas pelos cinco sentidos; a sétima (*manas*), consciência que processa o pensamento, deseja e discrimina; e a oitava consciência, também chamada de "reservatório" (*alaya*).

Os primeiros cinco sentidos não dispõem de autonomia fora de sua área de atuação – as informações capturadas por eles são enviadas a *manas* (sétima consciência) sem interpretações. *Manas* é como um general em seu quartel; ela junta todas as informações enviadas, transferindo-as e arranjando-as, e as devolve, sob a forma de ordens, ao sexto sentido (mental). Ao mesmo tempo, *manas* está conectada com *alaya* (oitava consciência). *Alaya*, o reservatório, é onde as ações do carma são armazenadas desde o início dos tempos. Ações ou pensamentos praticados por uma pessoa são formas de energia, acrescentadas a *alaya* por *manas*.

As ações armazenadas em *alaya* ali permanecem até que encontrem uma oportunidade favorável para manifestar-se. No entanto, *alaya* não pode agir por si mesmo, já que não dispõe de energia ativa. O agente discriminador é *manas*, que processa as informações dos cinco sentidos e as compara com as experiências guardadas no *alaya,* quer sejam boas, más ou neutras.

Uma pessoa pode ter acumulado incontável carma positivo ou negativo em vidas passadas. Contudo, se ela não permitir que os carmas se manifestem, é como se eles não existissem. Do mesmo modo ocorre quando lançamos sementes na terra: se não houver condições adequadas para seu desenvolvimento, as sementes não brotarão. Assim, se plantarmos boas ações nesta vida, as ações de nosso carma negativo anterior não terão chance de se desenvolver e colocar em movimento a atividade discriminatória da sétima consciência.

Manas está sempre trabalhando em conjunção com a sexta consciência e os cinco sentidos; ela é responsável pelas discriminação de desejos, paixões, ignorância, crenças etc. É essencial manter a sexta consciência funcionando corretamente, de forma que ela interrompa a criação de carma negativo e deposite boas ações em *alaya*. Isso é possível, já que a sexta consciência não tem vontade cega, mas é inteligente e capaz de iluminação. A sexta consciência é o eixo ao redor do qual toda a disciplina budista se movimenta.

A morte é o processo de ter essas oito partes da consciência deixando o corpo em sequência, sendo *alaya* a última. Isso leva cerca de oito horas para acontecer. Assim, o processo da morte não acaba quando a respiração cessa ou quando o coração para de bater, pois a consciência do ser que morre ainda perdura. Quando a consciência [*alaya*] deixa o corpo, essa, sim, é a hora real da morte.

Os seis reinos

Apesar de a qualidade do renascimento ser determinada pelo acúmulo total de carma, acredita-se que também o estado da mente da pessoa no momento da morte tem forte influência quanto ao rumo que será seguido pela consciência na transmigração para um dos seis reinos da existência.

Os seis reinos da existência compreendem o dos seres celestiais, o dos semideuses, o dos seres humanos e três reinos inferiores: o dos animais, o dos espectros famintos e o dos seres do inferno. Atitudes incômodas e impróprias das pessoas ao redor de um moribundo, como lamentações ou movimentação do corpo, tendem a aumentar sua dor e agonia, causando raiva e apego, que, quase sempre, arrastam a "consciência" emergente para os reinos inferiores.

Para ajudar a pessoa que está morrendo, não se deve incomodá-la até pelo menos oito horas depois da parada da respiração. Ao contrário, deve-se ajudá-la a manter a calma e a mente pacificada, ou oferecer suporte com práticas religiosas, como recitação de nomes de Budas, sutras e mantras.

Funeral

O funeral budista é normalmente conduzido com solenidade. Não se estimula o luto. Um altar simples, com uma imagem do Buda, é montado. Há queima de incenso e oferenda de frutas e flores. Se a família assim o desejar, pode haver monges budistas abençoando e recitando sutras e os vários nomes do Buda, seguidos por discípulos leigos. Esses procedimentos podem ser completados com um elogio à memória do morto.

Há quem classifique de budistas certos rituais de luto, como vestir determinada cor de roupa, caminhar com um cajado, lamuriar-se para expressar o grande efeito do seu pesar, queimar dinheiro, preparar casas ou roupas feitas de papel para o morto. Na verdade, tais práticas não passam de crenças e costumes populares chineses.

A cremação é usual no budismo, visto que há aproximadamente 2.500 anos atrás o Buda disse a seus discípulos que cremassem seu corpo após sua morte. Alguns budistas preferem, no entanto, sepultar seus mortos. A cremação pode ser escolhida, também, por motivos econômicos ou de salubridade.

GLOSSÁRIO

a.E.C.: abreviação da expressão "antes da Era Comum", equivalente a "antes de Cristo" (a.C.), usada preferencialmente pelos povos não-cristãos.

Arhat (em sânscrito: "merecedor, honrado, digno, valioso"; páli, *arahant*): aquele que atingiu a meta da iluminação ou despertar (*bodhi*). Essencialmente, o estado de *arhat* consiste na erradicação do fluxo (*ashrava*) e na destruição das impurezas (*kleshas*). O *arhat* também está livre dos dez grilhões (*samyojana*) e, com a morte, deixa de renascer. A diferença entre um *arhat* e um buda é que o buda alcança a iluminação por si mesmo, enquanto o *arhat* atinge-a por seguir os ensinamentos de outrem. Entretanto, pode-se notar que o Buda é também um *arhat* e costuma ser invocado como tal na citação em páli que diz: "*Namo tassa Bhagavato Arahato Sammasambuddhassa*" (Reverências ao Senhor, O Honrado, O Perfeitamente Desperto). Como ensinado no budismo primitivo, o *arhat* alcança exatamente a mesma meta que o Buda. Entretanto, o budismo maaiana interpreta o alcance do estado de *arhat* como inferior ao da budeidade e aponta o *arhat* (com ligeira distorção) como preocupado egoisticamente com o alcance de um nirvana particular. Por outro lado, é dada ênfase à grande compaixão (*mahakaruna*) dos budas e bodisatvas, os quais se dedicam a conduzir todos os seres à libertação.

Ascetismo: prática ou crença que considera a ascese – isto é, a disciplina e o autocontrole estritos do corpo e do 'espírito' – um caminho imprescindível rumo à verdade ou à virtude, por meio da mortificação. Conjunto de práticas, privações e comportamentos condicionados por essa visão, que se contrapõem ao "Caminho do Meio" ensinado pelo Buda.

Ashoka: terceiro imperador da linhagem Maurya, Ashoka (*circa* 272-231 a.E.C.), embora tenha sido um monarca agressivo e expansionista no início, tornou-se budista após testemunhar os horrores da sua própria guerra para conquistar o reino de Kalinga. A seguir, deu início a uma campanha, "A conquista por meio do Darma", em que renunciou ao uso da força, adotou a política de plena tolerância religiosa e procurou melhorar a sorte de seu povo. A notável história da "Conquista por meio do Darma" é narrada em seus editos, gravados em rochas e pilares em locais públicos através do império, apenas redescobertos e decifrados a partir do século XIX. Foram encontrados no total 33 editos com datas inscritas nas colunas de pedra e em grutas em várias partes da Índia e regiões circunvizinhas, como o Afeganistão. Os editos proclamam os princípios de governo do imperador Ashoka por meio da aplicação do Darma e de sua crença nas virtudes da bondade, da tolerância e da ética como significados para a felicidade e o bem-estar nesta e nas vidas futuras.

Bodhi (sânscrito: "iluminação"): iluminação, suprema compreensão. O despertar do ser para sua natureza búdica. Também é assim chamada a árvore sob a qual o Buda atingiu a iluminação.

Bodisatva celestial: o termo "celestial" é usado em português para descrever os grandes bodisatvas não-históricos mencionados nos textos do budismo maaiana e que são altamente desenvolvidos no caminho da iluminação (*bodhi*). Os exemplos mais notáveis de tais bodisatvas são Avalokiteshvara e Mañjushri, que podem ser considerados de natureza mitológica ou simbólica, em contraste com os bodisatvas humanos comuns, que estão desenvolvendo a trajetória do bodisatva.

Carma (em sânscrito: *karma*, "trabalho", "ação"): a lei universal de causa e efeito vinculada aos atos intencionais. Toda ação proposital produz efeitos que, mais cedo ou mais tarde, serão sentidos por aquele que a realizou. Os efeitos cármicos serão positivos ou negativos dependendo de a ação auxiliar ou prejudicar os seres sencientes. Tais efeitos podem ocorrer instantaneamente, após muitos anos ou muitas vidas depois.

Chan (chinês; em sânscrito, *dhyana;* em japonês, *zen*, "meditação" ou "absorção"): o nome do maior movimento, ou escola, de budismo chinês. Significa, literalmente, 'a escola de meditação'. Nela, estudos doutrinais, textuais e éticos não são o principal; ela privilegia o cultivo da realização direta da experiência de iluminação (*bodhi*). O termo '*chan*' era originalmente parte de uma palavra composta de dois caracteres, '*chan-na*', que tentava reproduzir foneticamente a palavra sânscrita *dhyana* (meditação) e, com o tempo, perdeu o segundo. As técnicas da Escola *Chan* para esse cultivo incluem o estudo de *koans* e da 'iluminação silenciosa' (chin.: *Mo-zhao Chan*). O primeiro envolve a contemplação de uma história curta sobre os mestres iluminados do passado ou frases enigmáticas que empurram o praticante até os limites da racionalidade na tentativa de irromper em uma percepção direta da realidade. O segundo é desenvolvido em oposição ao primeiro, resumindo-se a simplesmente a sentar sem nenhum conteúdo ou forma mental em particular, a fim de perceber que sua budeidade já é completa e perfeita como ela é.

Ciclo de nascimento e morte: é o ciclo de nascimento, morte e renascimento, que não tem começo nem fim. A meta suprema da prática budista é a libertação desse ciclo. Ver *Samsara*.

Darma: palavra sânscrita etimologicamente derivada da raiz *"dhr"* que significa conduzir, suster, manter. É um termo de vasto sentido com três principais significados. (1) refere-se à Ordem Natural ou Lei Universal que sustenta o funcionamento do universo nas esferas física e moral. (2) denota a totalidade dos ensinamentos budistas, uma vez que estes devem descrever e explicar com exatidão a Lei Universal subjacente, de forma que os indivíduos possam viver em harmonia com ela. É neste sentido que o termo aparece como uma das 'três joias' (*triratna*) e um dos componentes dos 'três refúgios' (*trisharana*), juntamente com o Buda e a *Sanga*. (3) é usado no sistema classificatório do Abidarma para se referir aos elementos singulares que coletivamente constituem o mundo empírico. Alguns desses elementos (*darmas*) são exteriores à pessoa que percebe, enquanto outros são processos psicológicos interiores e traços de caráter. É neste contexto que a Escola Madhyamaka nega a realidade substancial dos darmas, alegando que todos os fenômenos são 'vazios' (*shunya*) de realidade substancial.

Data de nascimento do Buda: durante muitos anos e sobretudo devido à influência da ortodoxia Teravada sobre os acadêmicos ocidentais, o ano de 563 a.E.C. foi aceito como a data de nascimento do Buda. Isso se baseava nas antigas crônicas do Sri Lanka (*Mahavamsa*, *Chuvamsa* e *Dipavamsa*). Uma segunda tradição, originária do continente indiano, situa o nascimento cerca de cem anos mais tarde, por volta de 450 a.E.C. Investigações recentes, baseadas no *Dipavamsa* sugerem que muito provavelmente ele tenha nascido em 485 a.E.C.

Hinaiana (sânscrito: *hinayana*, "pequeno veículo"): ramo ortodoxo do budismo que se espalhou principalmente pelo sul da Ásia – Sri Lanka, Tailândia, Burma, Mianmar (antiga Birmânia) e Laos. A ênfase do budismo hinaiana é colocada na iluminação individual, diferentemente do budismo maaiana, que enfatiza a compaixão e a salvação de todos os seres. Conhecido também como "budismo meridional", ou do sul, em oposição a "budismo setentrional", ou do norte, presente, na China, na Coreia, no Japão e no Tibete.

Maaiana (sânscrito: *mahayana*:, "grande veículo"): ramo do budismo difundido principalmente no norte da Ásia – China, Coreia, Japão e Tibete –, que se diferencia do budismo primitivo (hinaiana) ao considerar que, embora a aspiração final seja o nirvana, este deve ser adiado para que o praticante possa exercer a compaixão e dedicar-se a ensinar aos outros o caminho da iluminação. Ensina a doutrina da libertação do sofrimento por meio dos esforços dos bodisatvas. O budismo maaiana enfatiza a compaixão, dando-lhe mais destaque do que ao ascetismo. Conhecido também como o "budismo setentrional", ou do norte, em oposição ao "budismo meridional", ou do sul, envolvendo Sri Lanka, Tailândia, Mianmar (antiga Birmânia), Laos, Burma.

Mantra (sânscrito): sons sagrados, considerados impregnados de poderes sobrenaturais. Tradicionalmente, a palavra é compreendida como "aquilo que protege" (*tra*) a "mente" (*man*), apesar de que os eruditos o estudam como uma "ferramenta de reflexão". Pelo uso de mantras na imaginação criativa e na meditação, poderes das variadas qualidades por eles expressas, podem ser acessados e desenvolvidos para a autotransfomação. A recitação contínua de mantras é uma forma de meditação.

Natureza búdica (sânscrito: *buddhata, buddhadhatu*): no pensamento do budismo dos tempos antigos, este termo referia-se ao potencial para tornar-se um buda pelo método tradicional de estudo e prática religiosa. Discussões se centralizaram no esclarecimento de que tipos de seres teriam este potencial e como deveriam desenvolvê-lo. Com o surgimento do budismo maaiana, alguns pensadores começaram a questionar a validade da distinção entre prática e iluminação (*bodhi*), ou entre o potencial e a capacidade de alcançá-lo e assim, a natureza búdica, gradualmente, passou a ser vista não como potencial, mas como a budeidade inerente a todo ser senciente. Neste cenário o objetivo passa então a ser, não o alcance da budeidade, mas o de trazê-la à tona. Por exemplo, o *Sutra do Sexto Patriarca Huineng* (*Sutra Plataforma do Tesouro do Darma do Grande Mestre, o Sexto Patriarca*) compara a budeidade à lua cheia encoberta por nuvens. Quando as nuvens são levadas pelo vento, ela é revelada. A natureza búdica não vem a ser gradualmente adquirida nem construída. Analogamente, cada ser já é um buda, mas este fato está obscurecido pelas máculas e impurezas. Uma vez que estas máculas e impurezas são removidas nossa natureza búdica torna-se manifesta.

Nirvana (sânscrito: "extinção", "quietude", "não-surgimento"): a libertação do apego a ilusões, afetos e desejos, meta suprema da prática espiritual budista. O nirvana não é aniquilação total, morte ou supressão da consciência, mas o mais elevado nível de consciência. É a saída do ciclo de renascimentos (*samsara)* e a entrada no incondicionado. Requer completa superação dos três venenos (ver adiante) e o alcance do repouso da volição ativa (*samskara*). Significa libertação do efeito determinante do carma. Suas características são ausência de nascimento, envelhecimento, doença e morte. O grande nirvana do Buda Shakyamuni, sua morte no mundo físico, é denominado *parinirvana,* em sânscrito, "nirvana completo".

Quatro Nobres Verdades: as quatro máximas fundamentais da doutrina budista enunciadas pelo Buda em sua primeira prédica, *Sutra Dharma-cakra-pravartana*: (1) sofrimento (*duhkha*); (2) origem do sofrimento (*samudaya*); (3) cessação do sofrimento (*nirodha*) e (4) o caminho que leva à cessação do sofrimento da existência (*arya-ashtanga-marga*).

Sanga (sânscrito e páli: "grupo", "multidão"): a comunidade budista; todos os seguidores do budismo. No budismo chinês, a *Sanga* é constituída apenas por monges e monjas. De uma perspectiva mais ampla, a *Sanga* também inclui os seguidores leigos. A *Sanga*, juntamente com o Buda e o Darma, compõe a Joia Tríplice.

Samsara (sânscrito e páli: "contínuo fluir"): ciclo de existências; a sucessão de renascimentos pelos quais o ser passa até alcançar a libertação e entrar no nirvana. O aprisionamento no *samsara* é condicionado pelos "Três Venenos" da mente (ver adiante), e o tipo de renascimento em um dos "Três Mundos" (ver adiante) que constituem o *samsara* é determinado pelo carma do ser.

Seis Paramitas (sânscrito: *paramita*, "atravessar", "transpor"): verdades transcendentes que embasam e guiam a prática de um bodisatva, por vezes chamadas de "Seis Perfeições": (1) generosidade, (2) moralidade, (3) paciência, (4) diligência, (5) concentração e (6) sabedoria.

Seis Reinos de Existência: ver ser senciente

Ser senciente (sânscrito: *sattva*): ser dotado de consciência, incluindo os seres dos Seis Reinos de Existência (*shad-gati*): celestiais (*devas*), semideuses (*asuras)*, humanos (*manusha*), animais (*tiryak*), espectros famintos (*petra*) e seres infernais (*naraka*). O budismo maaiana considera que a natureza búdica é inerente a todos os seres sencientes; portanto, todos estão capacitados a alcançar a iluminação.

Sidarta Gautama: ver Buda Shakyamuni.

Sutra (sânscrito, *sutra*: "linha de coser", "fio", "cordão"): aquilo que é unido por fios; por extensão, refere-se às escrituras sagradas budistas, originalmente escritas sobre folhas de palmeiras costuradas umas às outras.

Três Mundos: (*triloka*, sânscrito e páli): os três planos que compõem o *samsara* e nos quais transcorre a existência de todos os seres dos Seis Reinos: (1) mundo do desejo (*kama-dhatu*), (2) mundo da forma (*rupa-dhatu*) e (3) mundo da não forma (*arupa-dhatu*).

Três Venenos: (sânscrito: *akushala-mula*, raízes insalubres ou perniciosas): (1) cobiça (sânscrito: *raga, trshna* ou *lobha; páli: tanha*); (2) raiva (sânscrito: *dvesha; páli: dosa)* e (3) ignorância (sânscrito: *avidya; páli: moha)*. As raízes insalubres (estados mentais indesejáveis) são geradoras de sofrimento para nós e para os outros. O *Dhammasangani,* o primeiro livro do Abidarma, dá alguns sinônimos para explicar as várias formas das raízes insalubres: (1) **Cobiça:** anelo, sede, avidez, ânsia, apego, possessividade, avareza; gosto, querença, carinho, afeição, lascívia, cupidez, vida regalada, desejo pelos cinco objetos sensórios; desejos por riqueza, filhos e fama, etc.; (2) **Raiva:** ódio, aversão, repugnância, irritabilidade, antagonismo, ressentimento, desgosto, aborrecimento, mau humor, nojo, vingança;

(3) **Ignorância:** ilusão, delusão, estupidez, embotamento, confusão, ignorância do que é essencial (As Quatro Nobres Verdades), visões errôneas, preconceito, dogmatismo ideológico, fanatismo, presunção. As três raízes insalubres também são chamadas de "Três Fogos", "Três Doenças" ou "Tês Raízes Maléficas".

Tripitaka: (sânscrito: *Tripitaka*; páli: *Tipitaka*): as três divisões principais do cânone budista, aceito igualmente pelas tradições maaiana e não-maaiana.

GHATA DA DEDICAÇÃO DE MÉRITOS

Que a generosidade, a compaixão,
a alegria e a equanimidade
permeiem todo o Universo.

Que todos os seres sencientes
valorizem os méritos, criem vínculos
e beneficiem os Céus e a Terra.

Pratiquemos o Chan e o Terra Pura,
sigamos os preceitos,
aceitemos tudo com equidade e tolerância.

Façamos os Grandes Votos
com espírito de arrependimento e gratidão.

SOBRE O ORGANIZADOR

O **Venerável Mestre Hsing Yün** é o 48º patriarca do budismo chinês da escola *Chan* (Zen). Fundador da Ordem Budista Fo Guang Shan, sediada em Taiwan (República da China), nasceu na República Popular da China em 22 de julho de 1927. Tornou-se monge noviço aos 12 anos e recebeu ordenação plena em 1941, prosseguindo seu treinamento monástico formal desde cedo orientado pelo voto de revitalizar o budismo e semear pelo mundo os ensinamentos do Buda.

Em 1949, quando a China Continental foi envolvida na guerra civil, o Venerável Mestre Hsing Yün deixou sua terra natal e foi para Taiwan. Durante quase meio século, a força de seu voto, sua visão e seus esforços incansáveis influenciaram os estudos e as práticas budistas em Taiwan, de onde espalhou o Darma para os cinco continentes e implantou templos, universidades, colégios, bibliotecas, gráficas, galerias de arte, uma clínica médica móvel, o jornal diário *Merit Times* e a estação de televisão *Beautiful Life* como meio de aproximar as pessoas do budismo.

Além disso, empreendeu iniciativas para aproximar as diferentes escolas budistas entre si e o budismo de outras religiões, num trabalho ecumênico pioneiro e de grande repercussão mundial. Nos Estados Unidos, o Venerável Mestre vem realizando intensos trabalhos acadêmicos em parceria com universidades da Califórnia desde meados dos anos 1970, tendo erguido nas proximidades de Los Angeles o Templo Hsi Lai, inaugurado em 1988.

Desde que deixou a função de abade de Fo Guang Shan, em 1985 – a primeira sucessão em vida de que se teve notícia na história do budismo –, tem viajado pelo mundo para propagar o Darma. A fim de juntar forças a seu trabalho de divulgação do budismo, fundou em 1990 a Associação Internacional Luz de Buda (Blia, na sigla em inglês) em Taiwan. Em 1992, a sede mundial da Blia foi inaugurada nos Estados Unidos. Desde então, mais de cem sessões internacionais desse organismo foram estabelecidas, inclusive no Brasil, onde o Budismo Humanista do Venerável Mestre Hsing Yün também se faz presente. Em 2003, ele esteve em São Paulo para inaugurar o edifício-sede do Templo Zu Lai, construído em Cotia (SP), que veio coroar anos de trabalho e dar início a uma fase de intensas atividades religiosas, educacionais, culturais e sociais.

Para saber mais sobre o Venerável Mestre, consultar *Espalhando a luz, uma vida dedicada ao Darma*, biografia escrita pela jornalista e editora chinesa Fu Chi-Ying, e *Nuvem de estrelas, uma vida dedicada ao budismo*, adaptação da biografia para história em quadrinhos, com roteiro e ilustrações de Zheng Wen.

Obras do venerável mestre Hsing Yün em português

LIVROS

- *Contos Chan, comentados pelo Venerável Mestre Hsing Yün, vols. I e II*
- *Cultivando o bem, uma perspectiva budista para o cotidiano*
- *Budismo puro e simples*
- *Budismo: significados profundos*
- *Sutra do Buda da Medicina, com introdução, preces, comentários e o ensaio "Budismo, medicina e saúde"*
- *Purificando a mente, a meditação no budismo chinês*
- *Budismo: conceitos fundamentais*
- *O valor da verdade*
- *Receita para o coração*

LIVRETOS

- *A essência do budismo*
- *A perspectiva budista sobre causa e condição*
- *O que é budismo?*
- *A essência do Chan*
- *Características singulares do budismo*
- *Quando morremos*
- *A perspectiva budista sobre magia e sobrenatural*
- *A roda do renascimento*
- *Budismo, medicina e saúde*
- *Conceitos fundamentais do budismo humanista*

PRINCIPAIS TEMPLOS FO GUANG SHAN NOS CINCO CONTINENTES

AMÉRICA DO SUL

Templo Zu Lai
Estrada Municipal Fernando Nobre, 1.461
06705-490 – Cotia – SP – Brasil
Tel: (55 11) 4612-2895 | Fax: (55 11) 4702-5230
zulai@templozulai.org.br | www.templozulai.org.br

Centro de Meditação Fo Guang Shan (Liberdade)
Rua São Joaquim, 460, Cobertura
01508-000 – São Paulo – SP – Brasil
Tel: (55 11) 3207-0662 | Fax: (55 11) 3209-8990
centrofgs@templozulai.org.br | www.templozulai.org.br

IBPS Rio de Janeiro
Rua Itabaiana, 235 – Grajaú – Brasil
Tel/ Fax: (55 21) 2520-9058
20561-050 – Rio de Janeiro – RJ
zulai@templozulai.org.br | www.templozulai.org.br

Templo Fo Guang Shan – Olinda
Av. Ministro Marcos Freire, 2095
53130-540 – Casa Caiada – Olinda – PE – Brasil
Tel: (55 81) 3432-0023 | Fax: (55 81) 3431-4905
templofgsolinda@gmail.com

IBPS Argentina
Av Cramer, 1.733
1426 Buenos Aires – Argentina
Tel: (54 1) 4786-9969 | Fax: (54 1) 4788-6351
fgsargentina@hotmail.com | www.ibpsargentina.org.ar

AMÉRICA DO SUL

IBPS Chile
Santa Amélia Parcela, 8
Casilla 435
Tel: (56 2) 817-2024 | Fax: (56 2) 817-3838
Talagante – Santiago – Chile
ibpschile@fgs.org.tw | www.templobudista-fgs.cl

IBPS Asunción
Av. Perón, 3.671
Lambaré – Asunción – Paraguay
Tel: (595 21) 903-821 | Fax: (595 21) 907-941
ibpsasupy@yahoo.com.tw | ibpsasupy@hotmail.com

IBPS Paraguay
Av. Adrian Jara, 626, piso 5 – Centro Shopping Internacional
Tel: (595 61) 500-952 / 511-573 | Fax: (595 61) 510-269
Ciudad del Leste – Paraguay
ibpsdepy@yahoo.com.tw | ibpsdepy@hotmail.com

AMÉRICA CENTRAL

IBPS Costa Rica
773-1200 Pavas
San José – Costa Rica
Tel: (506) 2231-4200 / 2290-2635 | Fax: (506) 2290-1584
fgsamcr5e@mail.fgs.org.tw

AMÉRICA DO NORTE

Hsi Lai Temple, Los Angeles (EUA)
3456 S. Glenmark Drive
Hacienda Heights – California – 91745 – USA
Tel: (1 626) 961-9697 | Fax: (1 626) 369-1944
info@hsilai.org | www.hsilai.org

IBPS Vancouver
6680-8181 Cambie Road
Richmond – British Columbia V6X 3X9 – Canadá
Tel: (1 604) 273-0369 | Fax: (1 604) 273-0256
vanibps@telus.net | www.vanibps.org

ÁFRICA Nan Hua Temple (IBASA)
27 Nan Hua Rd Cultura Park – BHS 1020 – South Africa
Tel: (27 13) 931-0009 | Fax: (27 13) 931-0013
info@nanhua.co.za | www.nanhua.co.za

ÁSIA Fo Guang Shan (Monastério Central)
Dashu, Kaohsiung 840
Taiwan – Republic of China
Tel: (886 7) 656-1921 ~ 8 | Fax: (886 7) 656-2516
webmaster@mail.fgs.org.tw | www.fgs.org.tw

EUROPA IBPS Paris
105 Blvd De Stalingrad
94400 Vitry Sur Seine – France
Tel: (33 1) 4671-9980 | Fax: (33 1) 4672-0001
info@ibps.fr | www.ibps.fr

OCEANIA Nan Tien Temple (IBAA)
Berkeley Road, Berkeley,
NSW 2506 – Australia
Tel: (61 2) 4272-0600 | Fax: (61 2) 4272-0601
P O Box 1336 Unanderra
nantien@fgs.org.au | www.nantien.org.au

Impresso em São Paulo, SP, em setembro de 2014,
papel off-white 90 g/m², nas oficinas da Graphium.

Composto em Frutiger Light, corpo 9,25 pt.
Tiragem: 2.000 exemplares

Não encontrando esta obra nas livrarias,
solicite-a diretamente à editora.

Escrituras Editora e Distribuidora de Livros Ltda.
Rua Maestro Callia, 123 – Vila Mariana
São Paulo, SP – 04012-100
Tel.: (11) 5904-4499/Fax.: (11) 5904-4495
escrituras@escrituras.com.br
vendas@escrituras.com.br
imprensa@escrituras.com.br
www.escrituras.com.br